L'AGENT 212

POULET AUX AMENDES

Dessins:
Daniel Kox

Scénario:
Raoul Cauvin

DUPUIS

Dépôt légal : février 1993 D. 1985/0089/67
ISBN 2-8001-1126-7 ISSN 0771-8004

Imprimé en Belgique.

A chauvin, chauvin et demi...

YÉÉÉÉÉÉÉÉÉÉÉ...
VESTIAIRE
POUET
GRRR
GRRR
PUUUT
POUET
BANG
ALLEZ LES ROUGES ALLEZ LES ROU
SPI
BUV
HAAAAAAAAAAA...
YÉÉÉÉ...
UN MATCH FORMIDABLE... FANTASTIQUE... PRODIGIEUX...

HOOOOOOOOO...
TRIIIT
HOUUUU
HOOUUUUUUUUUUU...
A' POIL L'ARBITRE !
VENDU !
AU VESTIAIRE !
SPIP
BUVEZ
GER
...DÉJA' 40 MINUTES DANS LA DEUXIÈME MI-TEMPS, ET TOUJOURS 1 A' 0 POUR LE KIMONO DE KIEU ... QUEL MATCH... MAIS QUEL MATCH CHERS TÉLÉSPECTATEURS...
GOOOOAAAALLLLLL...
PUUUT
POUET TUUUT

EH !? MAIS... QUE SE PASSE-T-IL !? LA FOULE ENVAHIT LE TERRAIN...
L'ARBITRE EST OBLIGÉ DE SIFFLER LA FIN DU MATCH... À PRÉSENT IL N'Y A PLUS PERSONNE SUR LES GRADINS... TOUT LE MONDE EST SUR LA PELOUSE !
MAIS OÙ DONC EST PASSÉ LE SERVICE D'ORDRE !?
PLUS TARD...
ALORS ? VOULEZ-VOUS QUE JE RÉPÈTE MA QUESTION !? BIEN ! OÙ ÉTAIT PASSÉ LE SERVICE D'ORDRE !?
BEN... ILS ÉTAIENT TROP NOMBREUX !
ON A ÉTÉ SUBMERGÉ PAR LE NOMBRE !
ON... ON N'A RIEN PU FAIRE !
AH NON ! ET ÇA !?
GRANDE VICTOIRE DU KIMONO DE KIEV
ET ILS N'ONT MÊME PAS DISCUTÉ !?
J'AURAIS VOULU VOIR ÇA...
4 N 110

Du délire à gogo

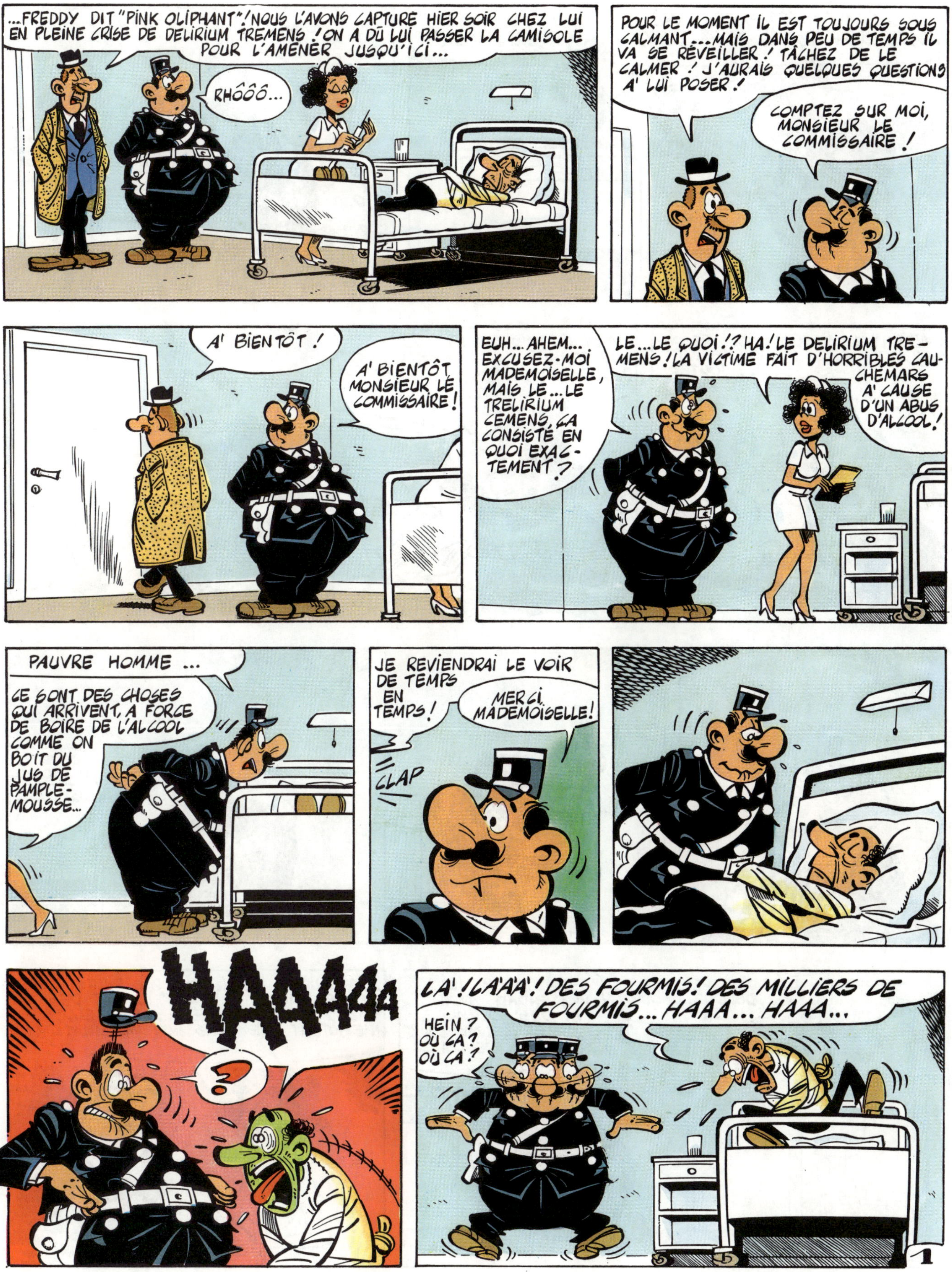

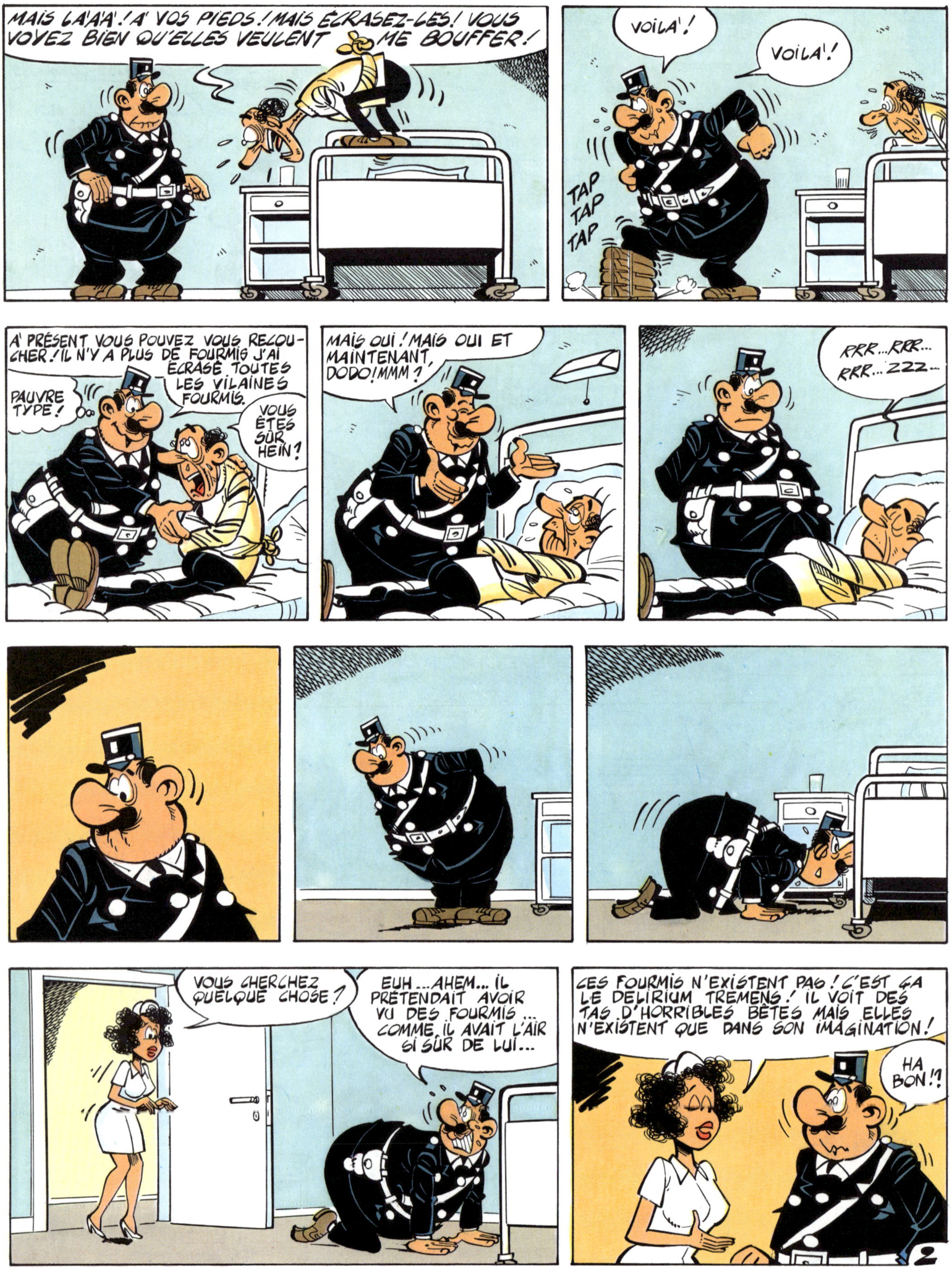

MAIS LA'A'A'! A' VOS PIEDS! MAIS ÉCRASEZ-LES! VOUS VOYEZ BIEN QU'ELLES VEULENT ME BOUFFER!
VOILA'!
VOILA'!
TAP TAP TAP
A' PRÉSENT VOUS POUVEZ VOUS RECOUCHER! IL N'Y A PLUS DE FOURMIS J'AI ÉCRASÉ TOUTES LES VILAINES FOURMIS.
PAUVRE TYPE!
VOUS ÊTES SÛR HEIN!
MAIS OUI! MAIS OUI ET MAINTENANT, DODO! MMM?
RRR... RRR... RRR... ZZZ...
VOUS CHERCHEZ QUELQUE CHOSE?
EUH... AHEM... IL PRÉTENDAIT AVOIR VU DES FOURMIS... COMME IL AVAIT L'AIR SI SÛR DE LUI...
CES FOURMIS N'EXISTENT PAS! C'EST ÇA LE DELIRIUM TREMENS! IL VOIT DES TAS D'HORRIBLES BÊTES MAIS ELLES N'EXISTENT QUE DANS SON IMAGINATION!
HA BON!?

A' TOUT A' L'HEURE !
A' TOUT A' L'HEURE, MADEMOI-SELLE !
CLAP
OUAAAAH !
ALLONS ALLONS, DU CALME DU CAAALME !
LA' ! LA'A'A'... HAAAA... DES RATS ! DES RATS !
HAAAAAA HAAAA
MAIS NON, VOYONS ! IL N'Y PAS DE RATS ! VOUS LES IMAGINEZ, C'EST TOUT !
HAAAA
HA NON !!
ALORS C'EST QUOI LA' !?
HAAA! OÙ ÇA !?
SOUS LA TABLE DE NUIT ! HA ! HA ! VOUS VOYEZ BIEN ! UN RAT TOUT ROUGE AVEC UNE QUEUE VERTE...
?!
UN RAT ROUGE AVEC UNE QUEUE VERTE HEIN !?
BEN OUI ! IL VIENT JUSTE DE DISPARAÎTRE DANS LE PLAFOND !
Y A PAS DE RATS ! Y A PAS DE RATS ! ÇA N'EXISTE QUE DANS VOTRE SALE CABOCHE ! ET MAINTENANT DORMEZ !
JE SENS QU'IL VA ME RENDRE FOU AVEC CES IDIOTIES !
ZZZ...

OUAAAAAAAAAH
ENCORE!?
IL N'Y A PAS DE FOURMIS! Y A PAS DE RATS, Y A PAS DE BÊBÊTES! A' PART MOI IL N'Y A RIEN! RIEN! ET MAINTENANT DODO J'AI DIT!
IL N'Y A RIEN!?
NAN!
POURTANT ÉCOUTEZ ... CES FRÔLEMENTS DANS LE COULOIR... CES SOUFFLEMENTS RAUQUES... CES PAS FEUTRÉS...
LE MONSTRE APPROCHE DE LA PORTE! IL EST PLEIN DE POILS... LES YEUX INJECTÉS DE SANG...
HO... LA FERME HEIN...
CRRR
REGARDEZ! LE LOQUET! IL BOUGE! IL BOUGE! IL VA ENTRER!
HAAA!
EH! EHHH!? MAIS...
PAW
PAW
PAW
MAIS ENFIN, QU'EST-CE QUI LUI A PRIS! IL NE BUVAIT JAMAIS JUSQU'ICI A' CE QUE JE SACHE!
TROP INFLUENÇABLE SANS DOUTE!
Z
FIN
4 N°118
SC: CAUVIN J. KOX 83

Le malade imaginaire

PEU APRÈS...
ALLO... LE COMMISSARIAT?..JE SUIS L'ÉPOUSE DE L'AGENT MATRICULE 212 ... OUI! NON! MON MARI NE SE PRÉSENTERA PAS À SON SERVICE CE MATIN... IL EST SOUFFRANT...
RHÔÔÔ!
CE QU'IL A !? JE NE SAIS PAS ! NOUS ATTENDONS LE DOCTEUR...
RHÔÔÔ!
CHÉRIE, J'AI HONTE!
IL FAUT SAVOIR CE QUE TU VEUX! TU AS VRAIMENT ENVIE D'ÊTRE RENVOYÉ!?
DRING
HA! ÇA C'EST LE DOCTEUR! À TOI DE JOUER À PRÉSENT!
QU'EST-CE QUE JE VAIS LUI RACONTER, MOI!?
KOF KOF KOF
HÉ HÉ
KOF KOF RHEUUUU
ÇA VA! COMBIEN?
PARDON?
KOF FOF
UN JOUR!? DEUX JOURS?
RÉPONDS, CHÉRI!
ALLEZ, DISONS TROIS ET N'EN PARLONS PLUS!
SCHRITCH SCHRITCH

AU REVOIR, MADAME !
AU REVOIR, DOCTEUR, ET MERCI !
RHÔÔÔ
MAIS ENFIN, CHÉRIE, COMMENT A-T-IL SU ?
CE N'ÉTAIT PAS TRÈS DIFFICILE ! SI TU AVAIS VU TA TÊTE ! TU N'AVAIS RIEN DE TRÈS CONVAINCANT !
J'AI HONTE ! HO, QUE J'AI HONTE !
TU AS VU LE TEMPS QU'IL FAIT DEHORS ?
SI TU EN PROFITAIS POUR BÊCHER LE JARDIN, PENDANT CE TEMPS J'IRAIS PORTER TON CERTIFICAT...
MAIS, CHÉRIE, JE SUIS MALADE !
VOYONS, CHÉRI, TU VEUX RIRE !?
EUH... OUI... BON, OÙ SONT LES OUTILS ?
CEPENDANT...
MALADE !? QU'EST-CE QU'IL A ?
JE L'IGNORE, MONSIEUR LE COMMISSAIRE ! CE N'ÉTAIT PAS INSCRIT SUR LE CERTIFICAT !
ON N'EST PAS LOIN DE CHEZ LUI ! FAITES UN PETIT DÉTOUR, JE VAIS LUI RENDRE UNE PETITE VISITE !
C'EST UN ESPRIT SIMPLET, MAIS IL EST HONNÊTE ET FAIT BIEN SON BOULOT !

HÉ ! HO ! ÇA VA LA SANTÉ ?
ÇA VA ! MERCI ! ET VOUS ?
M... MONSIEUR LE COM... COMMISSAIRE ! QU... QUELLE BONNE SURPRISE...
NE VOUS FATIGUEZ PAS, J'AI COMPRIS !
KOF KOF
HÉ HÉ
PEU APRÈS...
HA, ELLE ÉTAIT BONNE, TON IDÉE ! BRAVO ! J'AVAIS UNE BONNE PETITE PLANQUE DANS UN BUREAU, À PRÉSENT JE VAIS ENCORE ME RETROUVER À LA RUE PAR TOUS LES TEMPS ET AU MILIEU DES GAZ ET DES ODEURS D'ÉCHAPPEMENT...
BAH, NE T'EN FAIS PAS, IL NE POURRAIT PLUS RIEN T'ARRIVER ! TU ES DÉJÀ AU BAS DE L'ÉCHELLE !
EGOUTS PRINCIPAUX
SI !
4 N°104

Nettoyage par le vide

ÉCOUTEZ, JE...
OUAIS !?
PAS LE TEMPS ! ENTREZ, VOUS M'EXPLIQUEREZ EN TRAVAILLANT !
MAIS ÉCOUTEZ DONC...
BROM
JE VOUS ÉCOUTE !
DITES, EN PARLANT, VOUS NE VOUDRIEZ PAS SOULEVER CE MEUBLE AVEC MOI ! IL EST DIABLEMENT LOURD !
POURRIEZ-VOUS M'EXPLIQUER...
DOUCEMENT... LÀÀÀ... DOUUUUCEMENT...
OUI !?
JE DISAIS, POURRIEZ-VOUS M'EXPLIQUER CE QUE VOUS FAITES !?
BIEN SÛR ! JE DÉMÉNAGE !
POURQUOI ? C'EST INTERDIT DE DÉMÉNAGER ?
BLAM
NON, MAIS...
JE SAIS CE QUE VOUS ALLEZ ME DIRE ! POURQUOI FAITES-VOUS LES 3/4 DU BOULOT TOUT SEUL, HEIN ?
HEIN ?
EH BIEN, SIMPLEMENT PAR ÉCONOMIE !
?!?
2

HOP!
VOUS NE VOUS RENDEZ SÛREMENT PAS COMPTE DE CE QUE COÛTE UN DÉMÉNAGEMENT AUJOURD'HUI !
500 FR. PAR HEURE ET PAR HOMME, NON MAIS, VOUS VOUS RENDEZ COMPTE !? SI VOUS AVEZ LE MALHEUR DE TOMBER SUR UNE BANDE DE FEIGNANTS, VOUS COUREZ À LA RUINE !
POUSSEZ-VOUS UN PEU, VOULEZ-VOUS !?
RÉSULTAT, JE FAIS LE MAXIMUN MOI-MÊME !
PAS BÊTE, HEIN !?
MAIS... MAIS OÙ SONT LES DÉMÉNAGEURS ?
BEN, DEHORS ! EN VOILÀ UNE QUESTION !
IL N'Y A PAS DE DÉMÉNAGEURS DEHORS !
HAAAAA !!!
LE PIRE POUR VOUS, C'EST QUE VOUS AVEZ DÉJÀ TOUT BALANCÉ PAR LA FENÊTRE !
NON ! HEUREUSEMENT, PAS TOUT !
?
ENFIN, RAPHAËL, C'EST TOUT DE MÊME BIEN LE DEUXIÈME ÉTAGE !?
OUI, MAIS JE ME DEMANDE SI C'EST LE BON IMMEUBLE ! J'AI DES DOUTES !
VOUS N'ALLEZ TOUT DE MÊME PAS LE LAISSER FAIRE ?
IL Y A DES JOURS OÙ IL FAUT ESSAYER DE COMPRENDRE !
ENT
VIN
71
3 N°108
SC: CAUVIN 3. KOX 82

Vive les vacances !

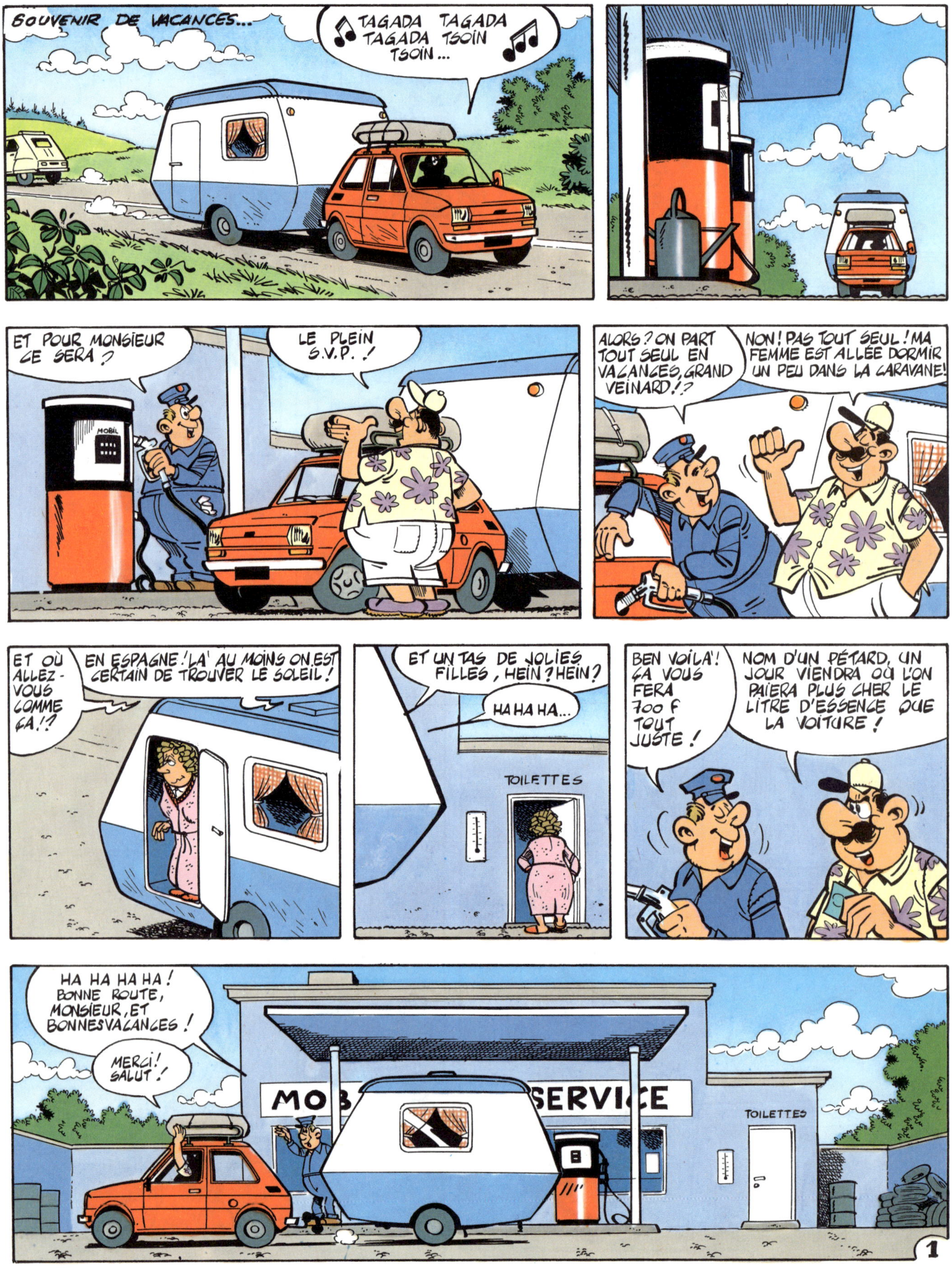

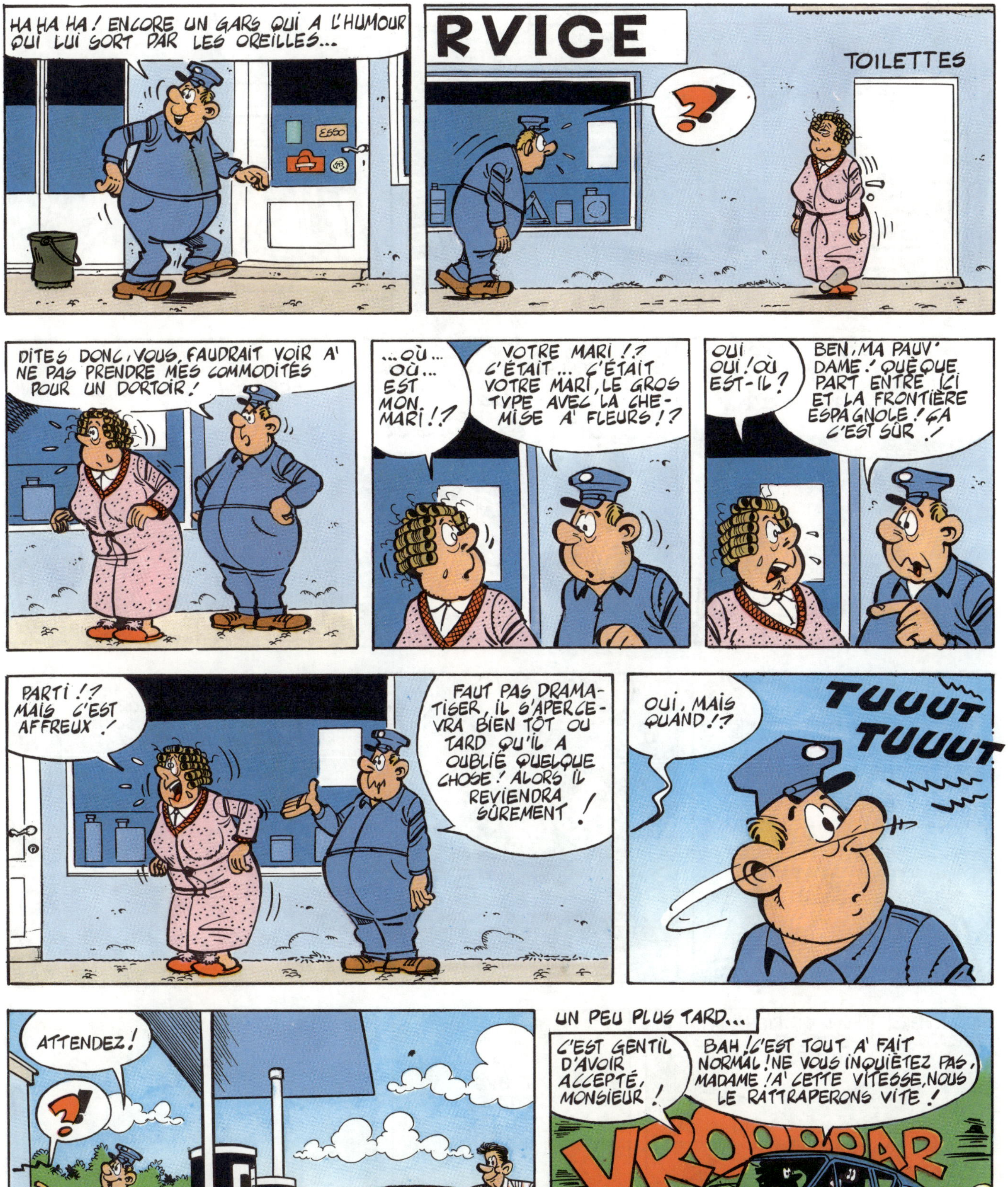
HA HA HA ! ENCORE UN GARS QUI A L'HUMOUR QUI LUI SORT PAR LES OREILLES...
ESSO
RVICE
TOILETTES
?
DITES DONC, VOUS, FAUDRAIT VOIR A' NE PAS PRENDRE MES COMMODITÉS POUR UN DORTOIR !
...OÙ... OÙ... EST MON MARI !?
VOTRE MARI !? C'ÉTAIT... C'ÉTAIT VOTRE MARI, LE GROS TYPE AVEC LA CHEMISE A' FLEURS !?
OUI OUI ! OÙ EST-IL ?
BEN, MA PAUV' DAME ! QUÈQUE PART ENTRE ICI ET LA FRONTIÈRE ESPAGNOLE ! ÇA C'EST SÛR !
PARTI !? MAIS C'EST AFFREUX !
FAUT PAS DRAMATISER, IL S'APERCEVRA BIEN TÔT OU TARD QU'IL A OUBLIÉ QUELQUE CHOSE ! ALORS IL REVIENDRA SÛREMENT !
OUI, MAIS QUAND !?
TUUUT TUUUT
ATTENDEZ !
?
UN PEU PLUS TARD...
C'EST GENTIL D'AVOIR ACCEPTÉ, MONSIEUR !
BAH ! C'EST TOUT A' FAIT NORMAL ! NE VOUS INQUIÉTEZ PAS, MADAME ! A' CETTE VITESSE, NOUS LE RATTRAPERONS VITE !
VROOOOAR
2

... QUAND MÊME, DEUX HEURES PLUS TARD...
PLOM PLOM PLOM
LA-BAS ! C'EST LUI !
QU'EST-CE QUE JE VOUS DISAIS !
?
TUUUT TUUUT TUUUT
ÇA Y EST ! ENCORE UN FOU DU VOLANT ! MAIS QU'EST-CE QU'IL ATTEND POUR DÉPASSER, CE JACKY ICKX À LA @☆#!
IL N'A PAS L'AIR DE COMPRENDRE ! IL NOUS FAIT MÊME SIGNE DE LE DÉPASSER ! QU'EST-CE QU'ON FAIT ?
PORTEZ-VOUS À SA HAUTEUR ! JE LUI FERAI SIGNE ! IL FINIRA BIEN PAR S'ARRÊTER !
VOUS N'Y PENSEZ PAS ! AVEC CEUX QUI VIENNENT EN SENS INVERSE, ON RISQUE LA COLLISION FRONTALE !
MAIS ALORS !?
J'AI UNE MEILLEURE IDÉE ! JE VAIS LE DÉPASSER ET VOUS DÉPOSER PLUS LOIN ! CE SERA À VOUS DE JOUER ! SI VOUS VOUS Y PRENEZ BIEN, IL NE POURRA QUE VOUS REMARQUER !
JE NE SAIS COMMENT VOUS REMERCIER !?
ATTENTION ! ON Y VA !
C'EST ÇA ! C'EST ÇA ! VAS-Y, MON GARS ! IL Y A NEUF CHANCES SUR DIX POUR QUE JE RETROUVE PLUS LOIN TES BRETELLES SE BALANÇANT AUX BRANCHES D'UN PLATANE...
VROOOAR
MERCI ! MERCI ENCORE !
MAIS DE RIEN, MA PETITE DAME ! MES AMITIÉS À VOTRE MARI !
BYE BYE !
VROOA
LE VOILÀ !

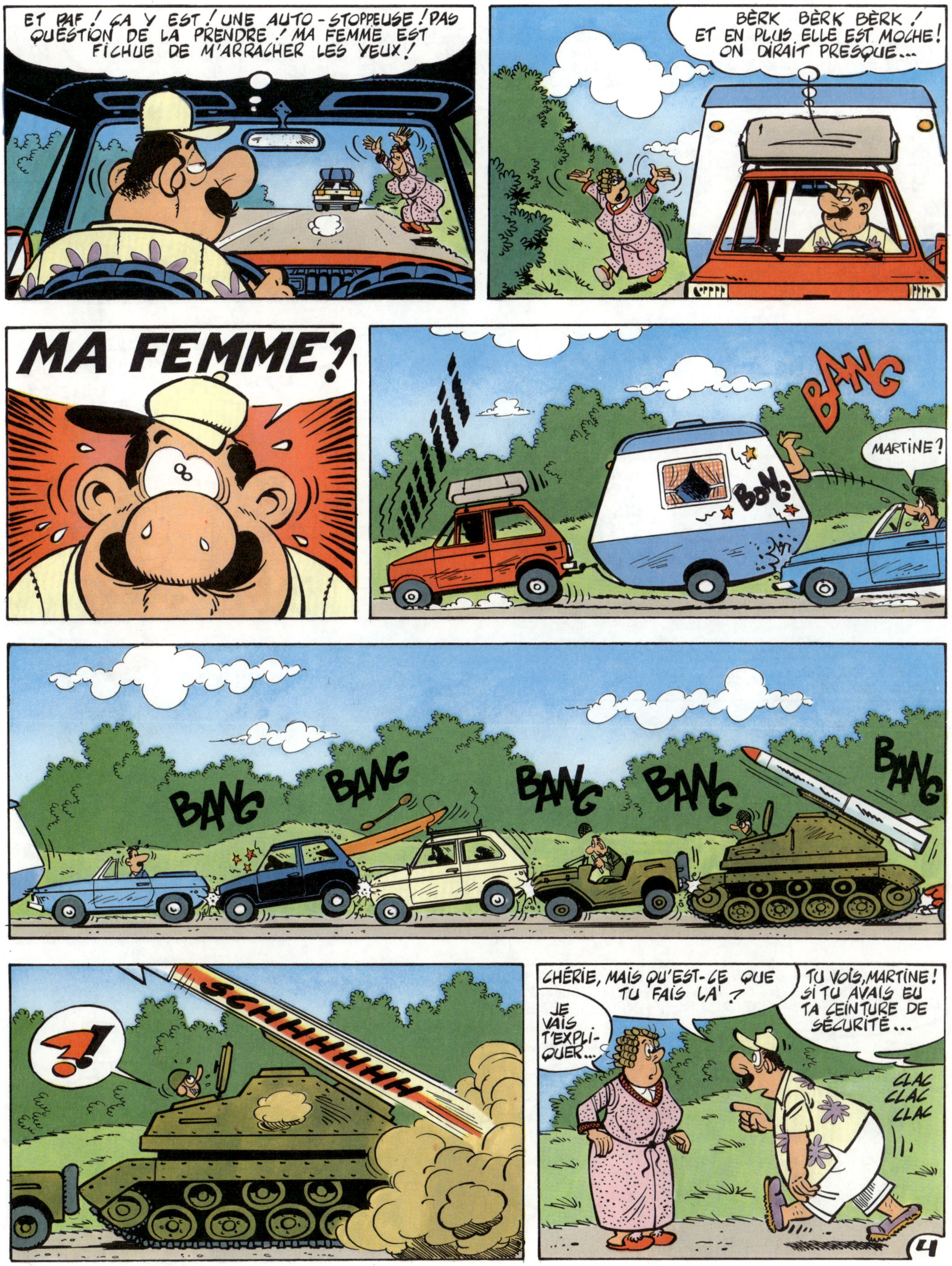

ET PAF ! ÇA Y EST ! UNE AUTO-STOPPEUSE ! PAS QUESTION DE LA PRENDRE ! MA FEMME EST FICHUE DE M'ARRACHER LES YEUX !
BÈRK BÈRK BÈRK ! ET EN PLUS ELLE EST MOCHE ! ON DIRAIT PRESQUE...
MA FEMME ?
BANG
BONG
MARTINE ?
BANG
BANG
BANG
BANG
BANG
SCHHHHHHH
CHÉRIE, MAIS QU'EST-CE QUE TU FAIS LÀ ?
JE VAIS T'EXPLIQUER...
TU VOIS, MARTINE ! SI TU AVAIS EU TA CEINTURE DE SÉCURITÉ...
CLAC CLAC CLAC
4

SOUDAIN J'AI ÉTÉ PRISE D'UN PETIT BESOIN...
JE ME DEMANDE CE QUE MON ASSUREUR DIRA LORSQUE JE DEVRAI LUI EXPLIQUER QU'UN KAYAK M'EST RENTRÉ DANS LE DERRIÈRE SUR LA NATIONALE !?
C'EST BÊTE, HEIN ! LES SANGLES ONT LÂCHÉ !
QUI C'EST QUI VA TÉLÉPHONER À LA BASE POUR DIRE QUE LE MISSILE A MIS LES BOUTS !?
HEUREUSEMENT QU'IL N'Y AVAIT PAS D'OGIVE NUCLÉAIRE !
QUELQUES JOURS PLUS TARD...
ARTHUR !? DÉJÀ DE RETOUR !? ALORS, CES VACANCES ?
VOUS ALLEZ RIRE... BEN VOILÀ...
ATTENDS, TU NE CONNAIS PAS LA DERNIÈRE !?
LE COMMISSAIRE A ÉCOURTÉ SES VACANCES !
NOOON !?
SI ! FIGURE-TOI QU'IL ÉTAIT PARTI PRÈS DE LA FRONTIÈRE ESPAGNOLE...
IL PÊCHAIT BIEN TRANQUILLEMENT DANS UNE PETITE RIVIÈRE TRANQUILLE, BREF, TOUT ÉTAIT TRANQUILLE, QUAND SOUDAIN...
?
BLOURF
...IL N'A JAMAIS SU CE QUI LUI ÉTAIT TOMBÉ DESSUS... UN MISSILE SANS DOUTE ! ET POURQUOI PAS !?
DEPUIS IL EST D'UNE HUMEUR MASSACRANTE ! TU PARLES, IL EN A EU UNE DE CES JAUNISSES...
MAIS, ET TOI !? RACONTE !
MOI !?... EUH... HO RIEN !
?
5 N°117

Respirez... inspirez...

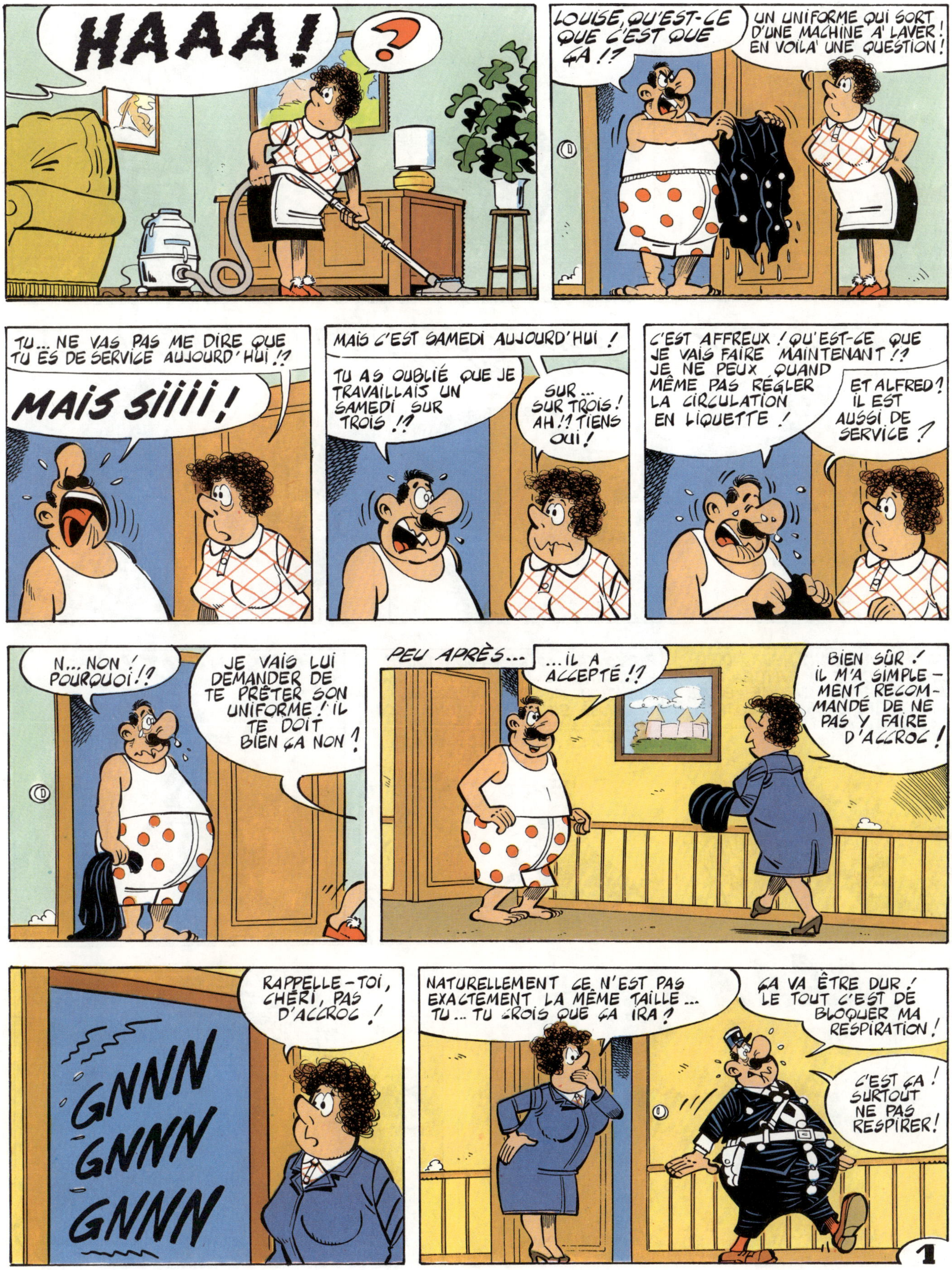

PEU APRÈS...
!MAIS QUI EST-CE QUI M'A COLLÉ CET ÉPOUVANTAIL !?!
...TIENS, BONJOUR MONSIEUR LE COMMISSAIRE ! HÉ HÉ !
LA LA LA LA
VOUS !?
VOUS CONNAISSANT, HÉLAS, DE LONGUE DATE, J'ÉVITERAI MOMENTANÉMENT DE ME PERDRE EN CONJECTURES SUR VOTRE ACCOUTREMENT RIDICULE...
PAR CONTRE VOTRE FAÇON TOUTE PERSONNELLE DE RÉGLER LA CIRCULATION ME PORTE A' CROIRE QUE VOUS ENTRETENEZ UNE COUVÉE DE CANARIS SOUS LES AISSELLES ! LEVEZ LES BRAS POUR VOIR !
PLUS HAUT !
KRAAAAK
ALFRED EST TOUJOURS FÂCHÉ ?
BIEN SÛR ! MAIS RASSURE-TOI, CETTE FOIS SA FEMME A CACHÉ SON REVOLVER, DES FOIS QU'IL LUI REPRENDRAIT L'ENVIE DE TE TIRER DESSUS !
2 N°121
SC: CAUVIN J. KOX 83

Aide-toi et le ciel t'aidera

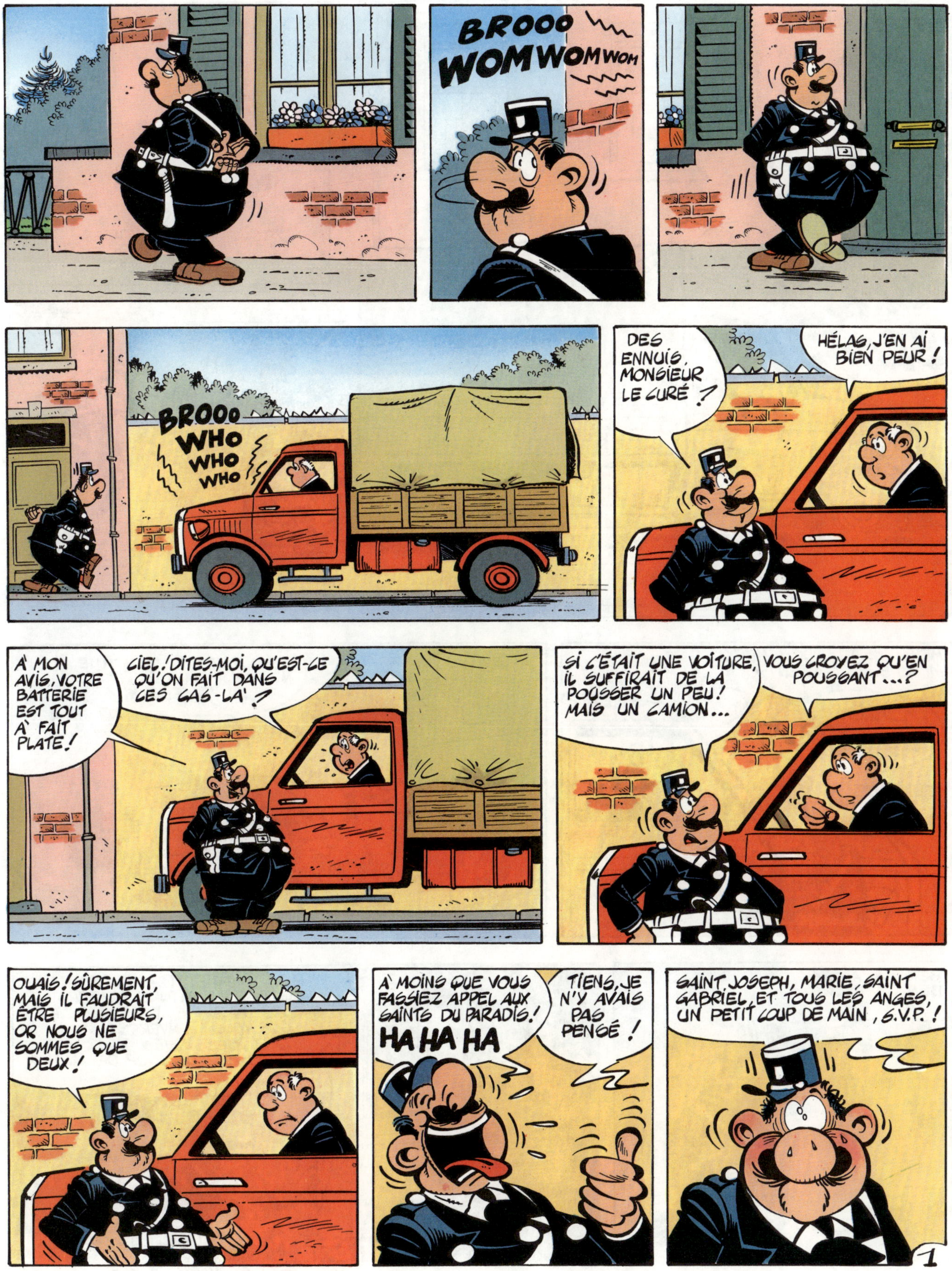

WHOOOO
WHOOOO
BRRROUM
BROUM
BROUM
HA ! ÇA Y EST !
MERCI BEAUCOUP ! MERCI, MONSIEUR, L'AGENT !
M... MAIS... HEU... IL N'Y A PAS DE QUOI !
SANS CE BRAVE HOMME, NOUS ARRIVIONS EN RETARD À LA PROCESSION !
BEN ÇA ALORS ! BEN ÇA ALORS !
HEU... AHEM... DITES, LA PROCHAINE FOIS QUE MA VOITURE TOMBERA ENCORE EN PANNE, J'OSE ESPÉRER QUE VOUS M'ENVERREZ AUSSI QUELQUES ANGES POUR ME DONNER UN COUP DE MAIN ?
2 N°103
SC: S. CAUVIN D. FOX 82

Reconstitution

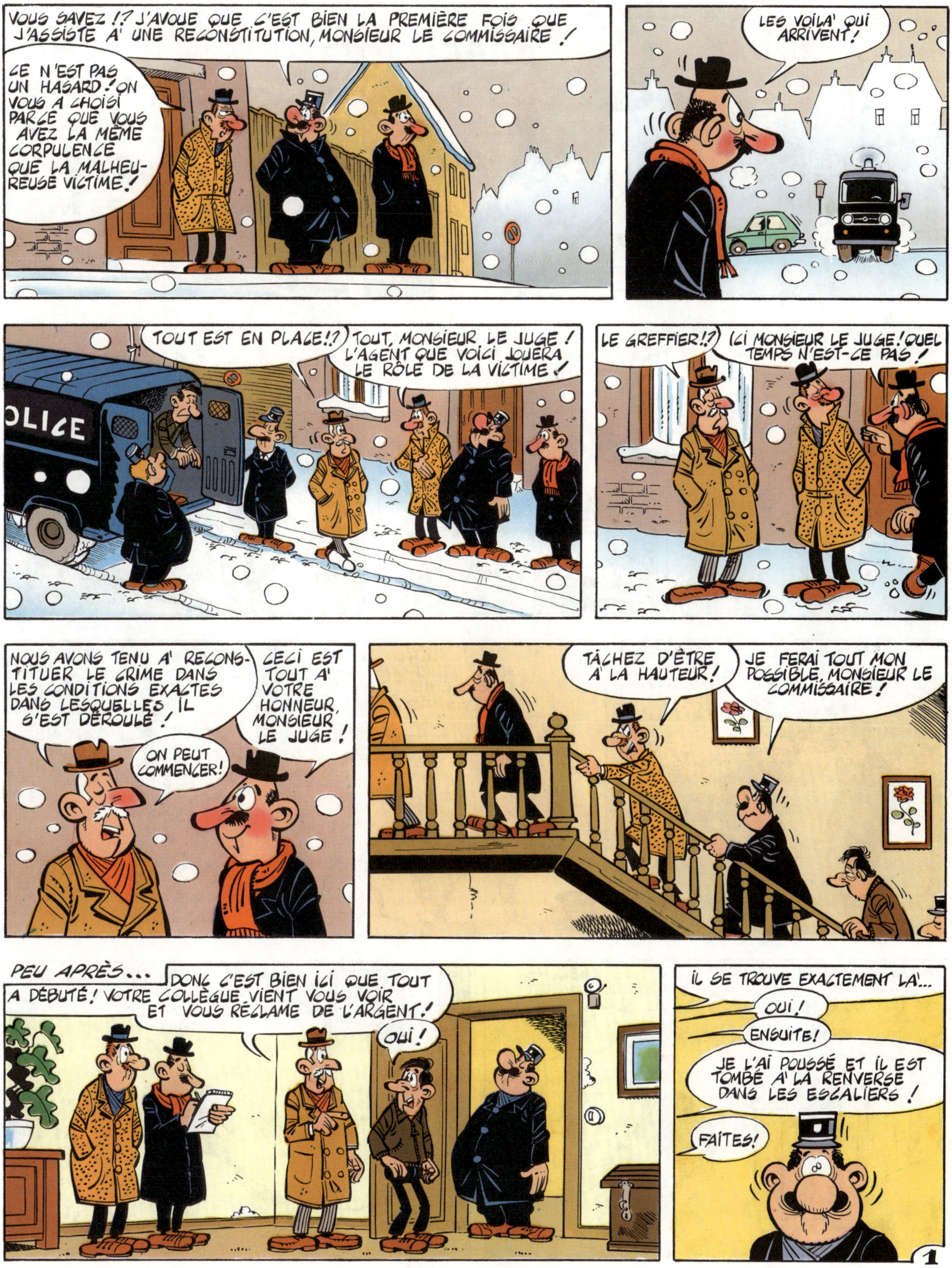

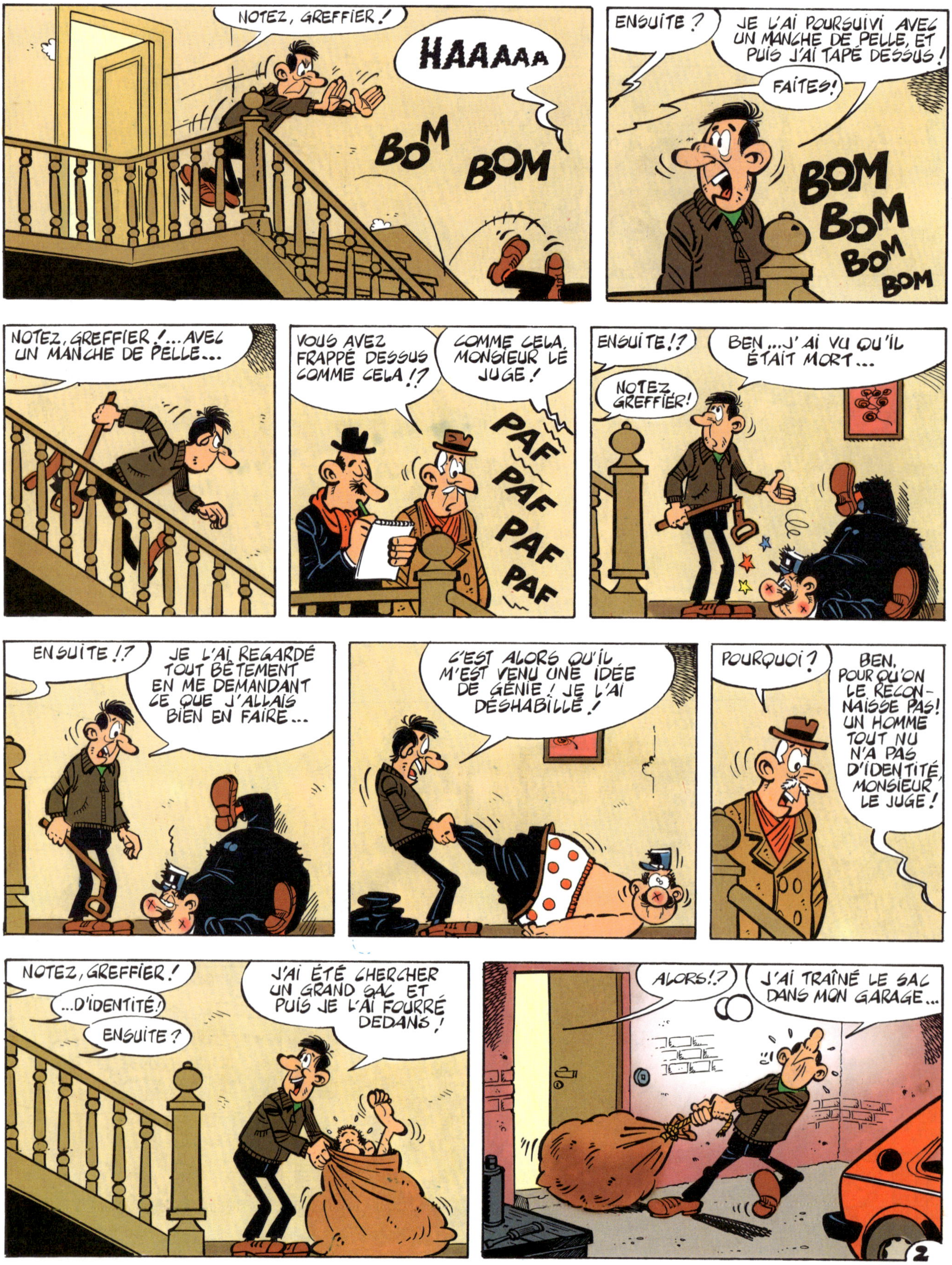
NOTEZ, GREFFIER !
HAAAAA
BOM
BOM
ENSUITE ?
JE L'AI POURSUIVI AVEC UN MANCHE DE PELLE, ET PUIS J'AI TAPÉ DESSUS !
FAITES!
BOM
BOM
BOM
BOM
NOTEZ, GREFFIER !... AVEC UN MANCHE DE PELLE...
VOUS AVEZ FRAPPÉ DESSUS COMME CELA !?
COMME CELA, MONSIEUR LE JUGE !
PAF
PAF
PAF
PAF
ENSUITE !?
BEN... J'AI VU QU'IL ÉTAIT MORT...
NOTEZ, GREFFIER!
ENSUITE !?
JE L'AI REGARDÉ TOUT BÊTEMENT EN ME DEMANDANT CE QUE J'ALLAIS BIEN EN FAIRE...
C'EST ALORS QU'IL M'EST VENU UNE IDÉE DE GÉNIE ! JE L'AI DÉSHABILLÉ !
POURQUOI ?
BEN, POUR QU'ON LE RECONNAISSE PAS! UN HOMME TOUT NU N'A PAS D'IDENTITÉ, MONSIEUR LE JUGE !
NOTEZ, GREFFIER !
...D'IDENTITÉ!
ENSUITE ?
J'AI ÉTÉ CHERCHER UN GRAND SAC ET PUIS JE L'AI FOURRÉ DEDANS !
ALORS!?
J'AI TRAÎNÉ LE SAC DANS MON GARAGE...
2

BLOUF
NOTEZ, GREFFIER !
...DANS LE COFFRE !
ET JE SUIS PARTI ! A' VRAI DIRE JE NE SAVAIS PAS TRÈS BIEN OÙ...
C'EST EN VOYANT CETTE RIVIÈRE A' MOITIÉ GELÉE QUE J'AI EU UNE AUTRE IDÉE...
J'AI RETIRÉ LE SAC DU COFFRE...
ET APRÈS BIEN DES EFFORTS, CAR IL ÉTAIT TRÈS LOURD ET J'AVAIS LES MAINS ENGOURDIES PAR LE FROID, J'AI RÉUSSI A' LE JETER DANS L'EAU...
ENSUITE ?
PLOUF
J'AI CONSTATÉ AVEC HORREUR QUE LE SAC REMONTAIT A' LA SURFACE...
ET ?
J'AI JETÉ QUELQUES PIERRES DESSUS, POUR LE FAIRE COULER !
ENSUITE ?
JE SUIS RENTRÉ CHEZ MOI !
BLUB BLUB
BLUB BLUB
3

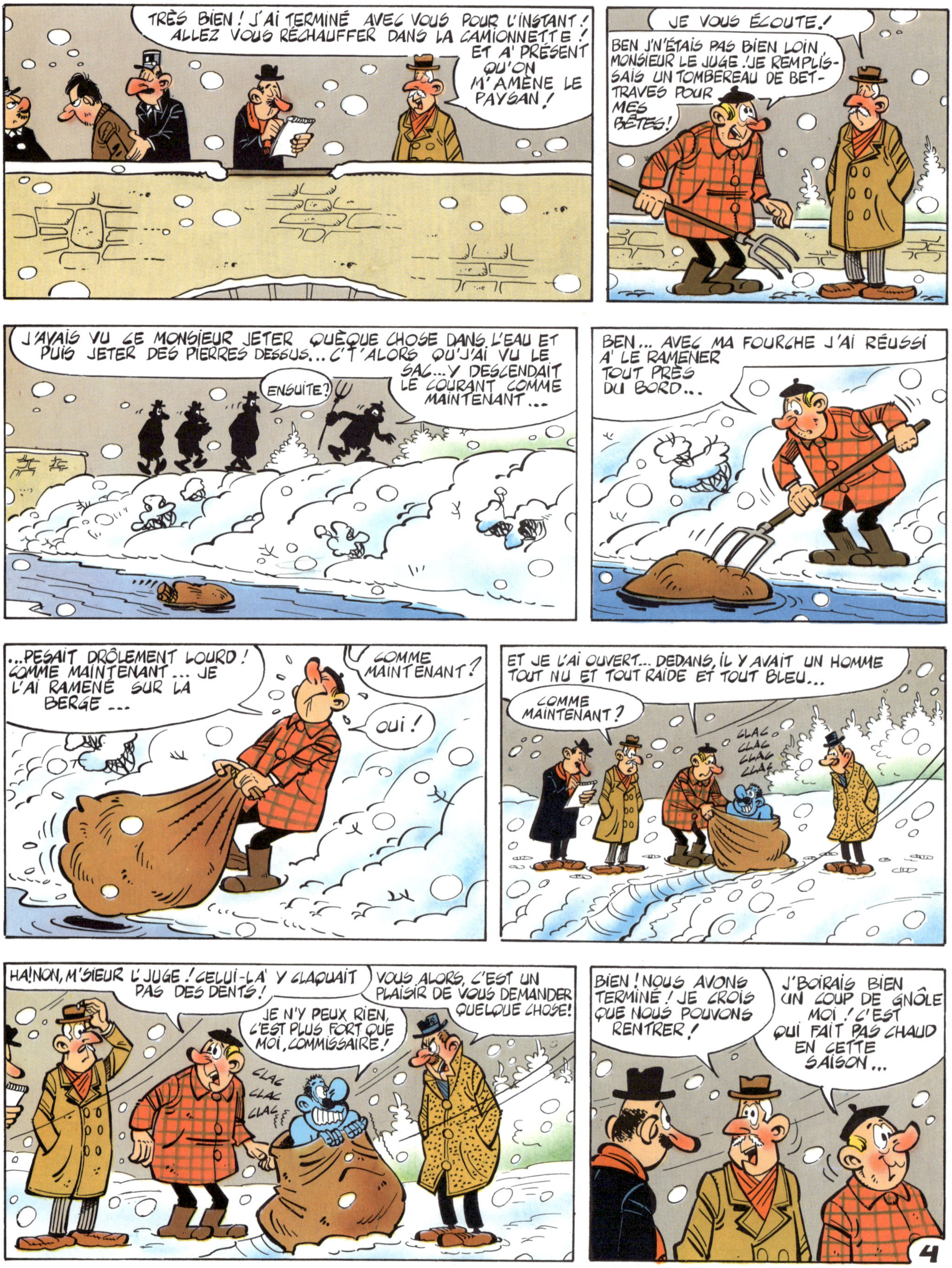
TRÈS BIEN ! J'AI TERMINÉ AVEC VOUS POUR L'INSTANT ! ALLEZ VOUS RÉCHAUFFER DANS LA CAMIONNETTE !
ET A' PRÉSENT QU'ON M'AMÈNE LE PAYSAN !
JE VOUS ÉCOUTE !
BEN J'N'ÉTAIS PAS BIEN LOIN MONSIEUR LE JUGE. JE REMPLISSAIS UN TOMBEREAU DE BETTRAVES POUR MES BÊTES !
J'AVAIS VU CE MONSIEUR JETER QUÈQUE CHOSE DANS L'EAU ET PUIS JETER DES PIERRES DESSUS... C'T'ALORS QU'J'AI VU LE SAC... Y DESCENDAIT LE COURANT COMME MAINTENANT...
ENSUITE ?
BEN... AVEC MA FOURCHE J'AI RÉUSSI A' LE RAMENER TOUT PRÈS DU BORD...
...PESAIT DRÔLEMENT LOURD ! COMME MAINTENANT... JE L'AI RAMENÉ SUR LA BERGE...
COMME MAINTENANT ?
OUI !
ET JE L'AI OUVERT... DEDANS, IL Y AVAIT UN HOMME TOUT NU ET TOUT RAIDE ET TOUT BLEU...
COMME MAINTENANT ?
CLAC CLAC CLAC CLAC
HA! NON, M'SIEUR L'JUGE ! CELUI-LA' Y CLAQUAIT PAS DES DENTS !
VOUS ALORS, C'EST UN PLAISIR DE VOUS DEMANDER QUELQUE CHOSE !
JE N'Y PEUX RIEN, C'EST PLUS FORT QUE MOI, COMMISSAIRE !
CLAC CLAC CLAC
BIEN ! NOUS AVONS TERMINÉ ! JE CROIS QUE NOUS POUVONS RENTRER !
J'BOIRAIS BIEN UN COUP DE GNÔLE MOI ! C'EST QUI FAIT PAS CHAUD EN CETTE SAISON...
4

EXCELLENTE IDÉE, MON BRAVE ! ALLEZ DANS LA CAMIONNETTE, VOUS Y TROUVEREZ UN FLACON DE RHUM ! VOUS LE PARTAGEREZ AVEC LE SUSPECT... VOUS L'AVEZ BIEN MÉRITÉ !
HA ÇA, C'EST PAS DE REFUS !
ET... CLAC CLAC CLAC NOUS ?
VOYONS, VOUS N'Y PENSEZ PAS ! NOUS SOMMES EN SERVICE... EST-CE QUE J'EN DEMANDE MOI ! ?
EX... EXCUSEZ-MOI CLAC CLAC CLAC CLAC CLAC MONSIEUR LE CO... COMMISSAIRE...
DITES... DITES-MOI, MONSIEUR LE COMMISSAIRE... CLAC... CLAC... À PRÉSENT... CLAC... CLAC... ON VA POUVOIR LE CONFONDRE L'ASSASSIN... CLAC... CLAC... IL VA ÊTRE OBLIGÉ D'AVOUER...
AVOUER ! ? IL A DÉJÀ AVOUÉ !
CO... COMMENT ÇA "IL A... CLAC... CLAC... AVOUÉ" MAIS ALORS... LA RECONSTITUTION... CLAC... CLAC... ÇA A SERVI À QUOI ?
HOOO, POUR SAVOIR COMMENT IL S'Y EST PRIS EXACTEMENT !
QUELQUES PETITES PRÉCISIONS, QUOI...
C... COMMENT... VOUS VOULEZ DIRE QUE J'AI DÛ FAIRE TOUT CELA...
POUR QUELQUES PETITES PRÉCISIONS ! ? !
...ALORS IL EST RENTRÉ DANS UNE RAGE FOLLE ! IL A FICHU TOUT LE MONDE À LA FLOTTE ! LE COMMISSAIRE, LE JUGE, LE GREFFIER, L'ASSASSIN, LE PAYSAN ET TOUS LES AGENTS QUI L'EN EMPÊCHAIENT...
RHÔÔÔÔ ! C'EST UN CAS CARACTÉRISÉ DE DÉMENCE !
ET SI VOUS VOULEZ UNE RECONSTITUTION JE SUIS PRÊT À RECOMMENCER ! AVEC LES MÊMES ! HAHAHA GNAGNA...
5 n° 114

Chaud et froid

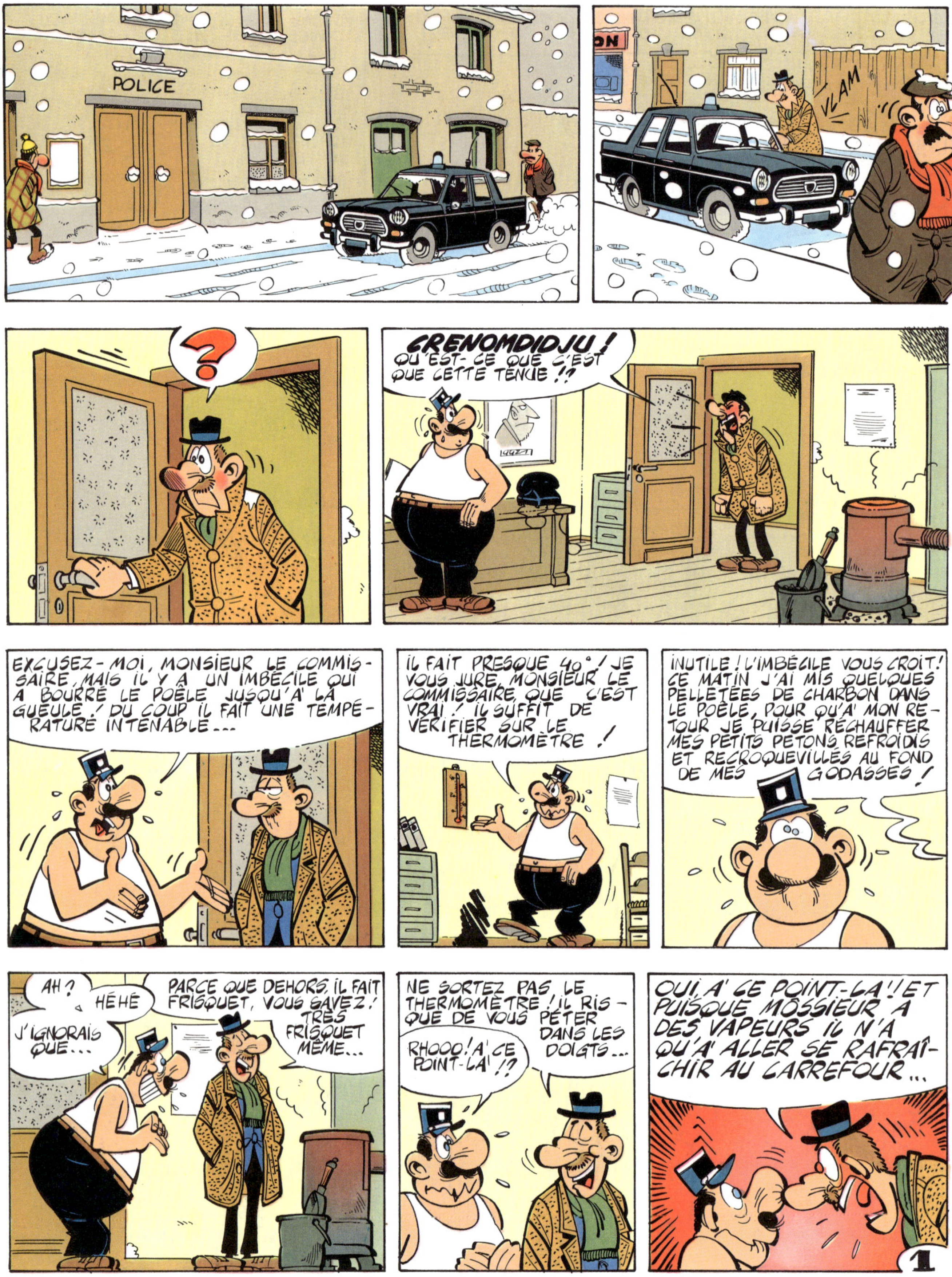

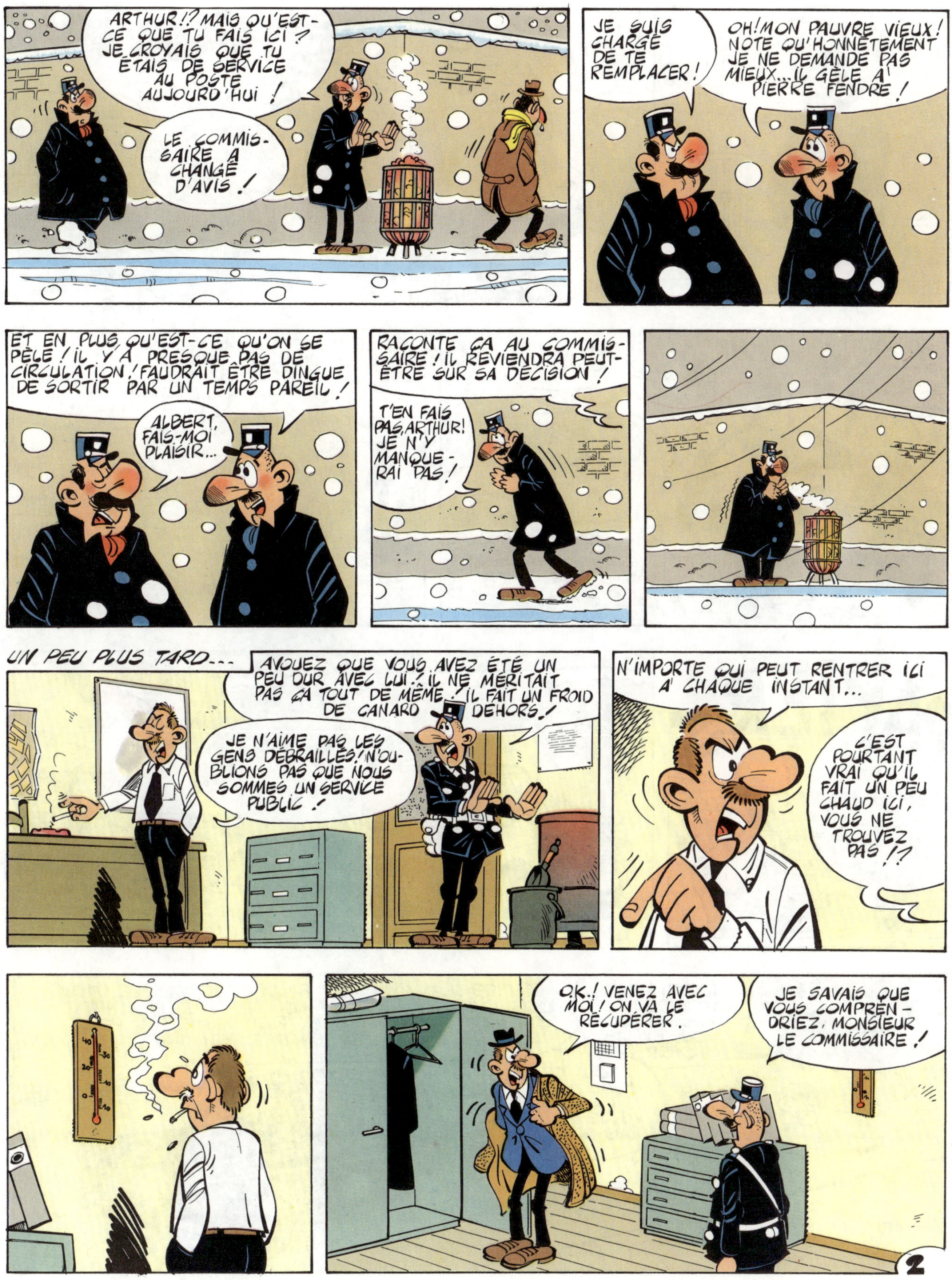

ARTHUR!? MAIS QU'EST-CE QUE TU FAIS ICI ? JE CROYAIS QUE TU ÉTAIS DE SERVICE AU POSTE AUJOURD'HUI !
LE COMMISSAIRE A CHANGÉ D'AVIS !
JE SUIS CHARGÉ DE TE REMPLACER !
OH! MON PAUVRE VIEUX ! NOTE QU'HONNÊTEMENT JE NE DEMANDE PAS MIEUX... IL GÈLE À PIERRE FENDRE !
ET EN PLUS, QU'EST-CE QU'ON SE PÈLE ! IL Y A PRESQUE PAS DE CIRCULATION ! FAUDRAIT ÊTRE DINGUE DE SORTIR PAR UN TEMPS PAREIL !
ALBERT, FAIS-MOI PLAISIR...
RACONTE ÇA AU COMMISSAIRE ! IL REVIENDRA PEUT-ÊTRE SUR SA DÉCISION !
T'EN FAIS PAS, ARTHUR ! JE N'Y MANQUERAI PAS !
UN PEU PLUS TARD...
AVOUEZ QUE VOUS AVEZ ÉTÉ UN PEU DUR AVEC LUI ! IL NE MÉRITAIT PAS ÇA TOUT DE MÊME ! IL FAIT UN FROID DE CANARD DEHORS !
JE N'AIME PAS LES GENS DÉBRAILLÉS ! N'OUBLIONS PAS QUE NOUS SOMMES UN SERVICE PUBLIC !
N'IMPORTE QUI PEUT RENTRER ICI À CHAQUE INSTANT...
C'EST POURTANT VRAI QU'IL FAIT UN PEU CHAUD ICI, VOUS NE TROUVEZ PAS !?
O.K. ! VENEZ AVEC MOI ! ON VA LE RÉCUPÉRER.
JE SAVAIS QUE VOUS COMPRENDRIEZ, MONSIEUR LE COMMISSAIRE !
2

VROOO
?
BANG
OUAAAH
HOULA
AÏE
PSCHH
PSCHH
OUÏE OUÏE OUÏE
PSCHHH
PSCHH
PSCHH
PSCHH
JE... JE N'OSERAIS PAS TROP M'AVANCER MAIS ON DIRAIT COMME ÇA, BÊTEMENT, QUE ÇA VA ÊTRE MA FÊTE QUE ÇA NE M'ÉTONNERAIT PAS OUTRE MESURE!
EXACT!
PSCHH
PSCHH
PAPIERS
BEN VOILÀ!
?!
NOOON! MAIS ATTENDEZ! LAISSEZ-MOI VOUS EXPLIQUER!
ET DIRE QUE VOUS AVEZ FAILLI ME CONVAINCRE! MON OEIL, OUI! JE VOUS LE DIS, MOI! CE TYPE RÉGLANT LA CIRCULATION EN SHORT EN PLEIN MILIEU DU PÔLE NORD NE SERAIT PAS ENCORE HEUREUX!
TOUT DE MÊME! SI JE NE L'AVAIS PAS VU, JE NE L'AURAIS PAS CRU!
3 128
SC: CAUVIN D. KOX 83

Ba... aaa... llooon !

MATRICULE 118 !
BIEN ! TRÈS BIEN !
DITES ! VOUS NE LES AVEZ PAS AVERTIS, AU MOINS !?
OH ! NON, MONSIEUR LE SOUS-PRÉFET ! D'AILLEURS, COMMENT AURAIS-JE PU PRÉVOIR VOTRE VISITE !?
BOULAN
EXACT ! VOTRE SERVICE EST À CITER EN EXEMPLE ! ENFIN DES HOMMES QUI NE SE CACHENT PAS SOUS LES PORCHES À LA MOINDRE INTEMPÉRIE...
MATRICULE 125 !
ILS RESTENT STOÏQUEMENT À LEUR POSTE, QU'IL PLEUVE, QU'IL NEIGE OU QU'IL VENTE, BRAVO ! J'AIME ÇA ! J'EN RÉFÉRERAI À MES SUPÉRIEURS, CROYEZ-MOI !
M... MERCI, MONSIEUR LE SOUS-PRÉFET !
PLUS TARD...
ENCORE TOUTES MES FÉLICITATIONS ! VOUS AVEZ FORMÉ LÀ UNE FAMEUSE ÉQUIPE ! VOUS ÊTES MÛR POUR L'AVANCEMENT !
MERCI, MONSIEUR LE SOUS-PRÉFET ! AU REVOIR, MONSIEUR LE SOUS-PRÉFET
MMM... IL Y A QUAND MÊME QUELQUE CHOSE QUI M'ÉCHAPPE...
MA VOITURE !
VOILÀ, MONSIEUR LE COMMISSAIRE !
...ET POURTANT ÇA A L'AIR VRAI ! ILS SONT TOUS À LEUR POSTE ! PAR CE TEMPS... ÇA M'A L'AIR DE PLUS EN PLUS BIZARRE ! CE N'EST VRAIMENT PAS LEUR HABITUDE !

J'EN AURAI LE COEUR NET !
STOPPEZ !
BIEN, MONSIEUR LE COMMISSAIRE !
'LUT ! SALE TEMPS, HEIN !?
?!
?!
FUIIIT FUIIIT
WHAM
DES BAUDRUCHES ! J'AURAIS DÛ M'EN DOUTER !
3

CEPENDANT...
BELOTE... ET REBELOTE !
PILS
HÉ ! HO ! VA FALLOIR ALLER RÉCUPÉRER LES BAUDRUCHES, LES GARS ! LA RELÈVE NE DEVRAIT PAS TARDER A' ARRIVER...
PERSONNE ! VAS-Y ! TU PEUX LA DÉGONFLER !
PARFAIT ! AUX AUTRES, A' PRÉSENT !
PSCHHH
PAS LA PEINE ! JE L'AI FAIT POUR VOUS !
ET A' PRÉSENT VOUS ALLEZ ME SUIVRE ! ET AU TROT !
TU... TU COMPRENDS QUELQUE CHOSE, TOI ?
BEN, NON ! LE CHOC SÛREMENT !
EUH... AHEM,.. AVANT D'ALLER PLUS LOIN, RÉPONDEZ-MOI FRANCHEMENT ! VOUS VOUS SENTEZ VRAIMENT BIEN, MONSIEUR LE COMMISSAIRE ?
OUAIS ! ET TROIS BOUTEILLES DE SAINT-ÉMILION... TROIS !
BIEN, MONSIEUR !
4 N°100
SC/CAUVIN D.KOX 82

Suffragettes modernes

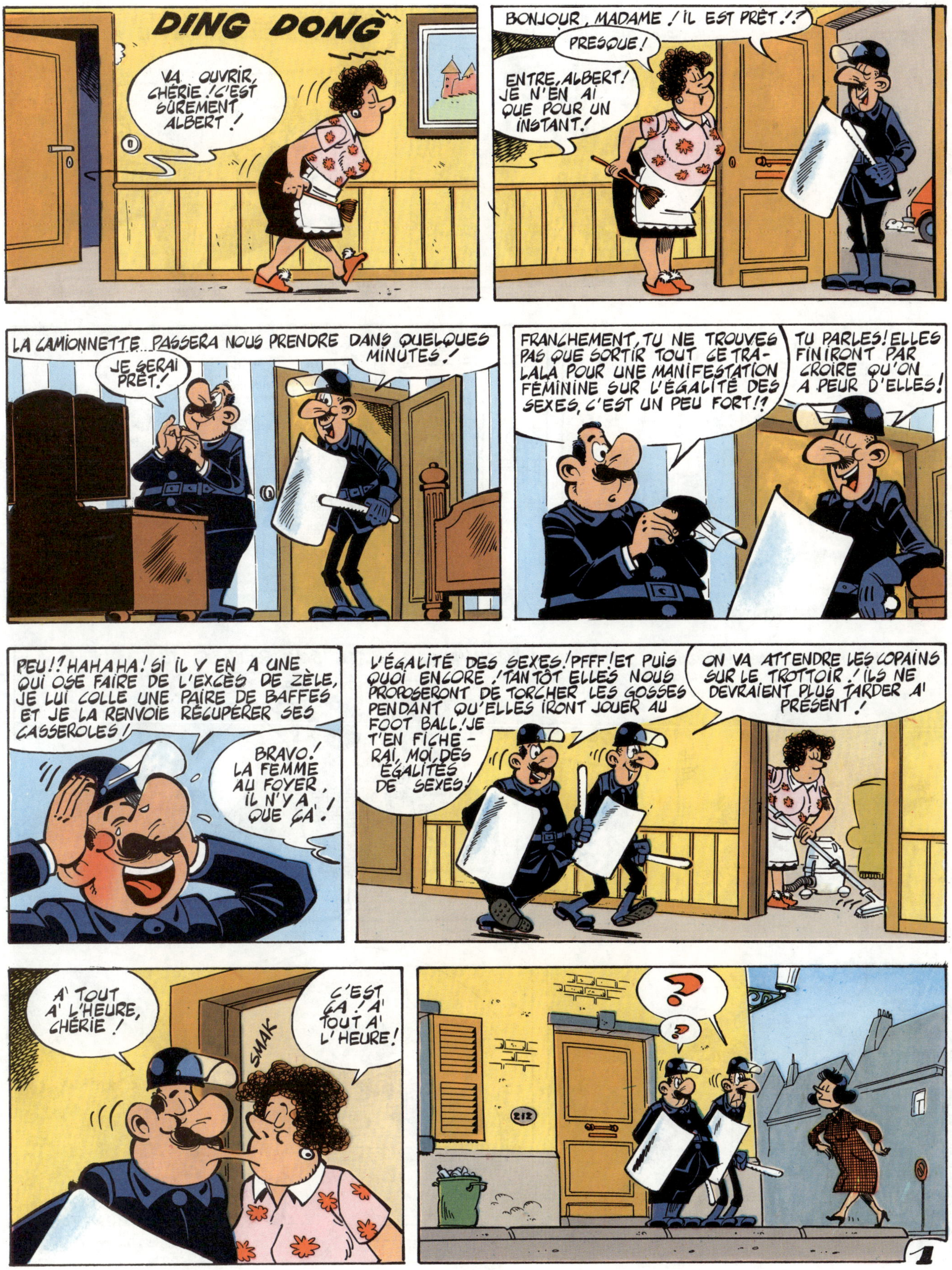

DING DONG
212
LISETTE !? TU NE M'AVAIS PAS DIT QUE TU SORTAIS AUJOURD'HUI !?
HA NON !!
QU'EST-CE QUE TA FEMME VIENT FAIRE CHEZ LA MIENNE ?
BEN ?
LOUISE, TU ES PRÊTE ! NOUS ALLONS ÊTRE EN RETARD !
JE N'AI QUE MON TABLIER À ENLEVER !
ET LES PANCARTES ?
DANS LE PLACARD !
ALLONS-Y !
POUR L'ÉGALITÉ DES SEXES
TRAVAIL ÉGAL SALAIRE ÉGAL
212
LOUISE, TU NE VAS PAS ME FAIRE CROIRE QUE... ?
MAIS SI ! LA LIBERTÉ D'EXPRESSION, ÇA EXISTE, MON CHÉRI !
DES S
STOP ! VOYONS, LISETTE ! SOIS SÉRIEUSE ! TU VOIS DÉJÀ LA TÊTE QU'ON AURA VIS-À-VIS DES COPAINS !
ALBERT, DÉGAGE !
ÇA, JAMAIS !
BIEN !
BLAF
TRAVAIL ÉGAL SALAIRE ÉGAL
2

POUR L'EGALITÉ DES SEXES
TRAVAIL ÉGAL SALAIRE ÉGAL
MAIS BON SANG DE BON SANG, ÉCOUTEZ...
ARTHUR, LAISSE-NOUS PASSER...
ARTHUR !
CHÉRIE, JE T'EN SUPPLIE, ÉCOUTE...
CHÉRIE...
BLAF
BON ! VOUS L'AUREZ VOULU !
A' LA MAISON !
VLAM
ET VOILA' !
C'EST PARFOIS DUR D'ÊTRE FERME, MAIS C'EST POUR LEUR BIEN ! ÇA M'AURAIT FAIT MAL DE LES VOIR SE BALADER PARMI CES FOLLES !
BONG
?
CHÉRIE, PERMETS-MOI DE TE SIGNALER QUE TU ABUSES D'UNE FAÇON IDIOTE DE NOTRE MATÉRIEL...
PRRRT ! LAISSEZ-NOUS SORTIR !
NON !
3

BOM
BOM
BOM
HÉÉÉ !? ÇA Y EST, LES GARS ! NOUS Y SOMMES !
DÉJÀ !? JE CROYAIS QUE LA MANIFESTATION DEVAIT SE DÉROULER DANS LE CENTRE-VILLE !
SÛREMENT UN TRUC POUR QU'ON INTERVIENNE PAS DANS LEURS HISTOIRES !
Y A PAS À DIRE ! ELLES SONT DRÔLEMENT VICIEUSES !
PLOP
POL
ENVOYEZ ENCORE DU GAZ !
QU'EST-CE QUE VOUS ATTENDEZ POUR DÉFONCER LA PORTE !?
NON... NOOON...
PLOP
BANG
KLANG
VLAM
NOOOON !
???
FAUT NOUS EXCUSER, LES GARS ! ON A VRAIMENT CRU QU'ON Y ÉTAIT !
SI AU MOINS ON AVAIT PU VOUS EXPLIQUER ! MAIS NON ! VOUS FONCEZ COMME DES IMBÉCILES !
C'EST VRAI QU'ON Y A ÉTÉ UN PEU FORT !
SNOK !
ET NOS ÉPOUSES DANS TOUT ÇA !?
EMBARQUÉES ! IL Y A QUAND MÊME COUPS ET BLESSURES, NON !?
BAH ! C'EST UNE QUESTION D'UN JOUR OU DEUX, PUIS ON LES RELÂCHERA ! D'ICI LÀ VOUS AUREZ LE TEMPS DE REMETTRE DE L'ORDRE !
T'EN FAIS PAS, ARTHUR ! UN JOUR, ELLES FINIRONT PAR NOUS PARDONNER !
JE L'ESPÈRE BIEN, ALBERT ! JE NE ME VOIS PAS TRÈS BIEN CONTINUER À VIVRE COMME ÇA ! MES NERFS FINIRAIENT PAR CRAQUER !
4 119
SC.: CAUVIN B. KOX 83

Opération sourire

BAR
Chez Lola
HIPS
VLAM
60 km
WARF GROARF WARF
PAIX
NOUS VOULONS LA PAIX
VIVE LA PAIX
212
VLAM
NATURELLEMENT, LE DÎNER N'EST PAS ENCORE PRÊT !
2 N°106
SC : CAUVIN 3. KOX 82

Oui, mais... mollo mollo...

POSTE CENTRAL A' VOITURE 9... CONCERNE TOUJOURS LA BAGARRE DU BISTROT SITUÉ A' L'ANGLE DE...
LA RUE DU POILONEZ ET DE LA RUE DE LA MARGUERITE ! JE SAIS ! IL Y A DU NOUVEAU ?
L'AUTRE BELLIGÉRANT... IL EST ALLÉ CHERCHER UN REVOLVER ! IL TIRE SUR TOUT CE QUI BOUGE...
ET BEN ARTHUR ?
JE... JE NE SAIS PAS ! L'ALLUMAGE SANS DOUTE !
OUI C'EST ÇA ! LES BOUGIES ENCRASSÉES SANS DOUTE...
HA ÇA C'EST MOCHE ! ÇA VA PRENDRE DU TEMPS POUR RÉPARER ?
C'EST DIFFICILE A' DIRE ! A'... A' TON AVIS !?
PRENDS TON TEMPS, MON PETIT ! IL NE FAUT PAS METTRE LE MATÉRIEL DU CONTRIBUABLE EN L'AIR !
ALLÔ POSTE CENTRAL A' VOITURE 9 ! POSTE CENTRAL A' VOITURE 9 !
MMM ! J'ÉCOUTE
MAIS QU'EST-CE QUE VOUS FOUTEZ BON SANG ? ILS VONT SE MASSACRER !
ON A EU QUELQUES PETITS ENNUIS, CHEF ! MAIS A' PRÉSENT ON EST PRÊTS ! ON... ON Y VA !
PIIIIOU PIIIIOU PIIIO
C'EST BÊTE ! JE NE PARVIENS PLUS A' PASSER LA SECONDE !
ON A VRAIMENT PAS DE CHANCE HEIN !?
2

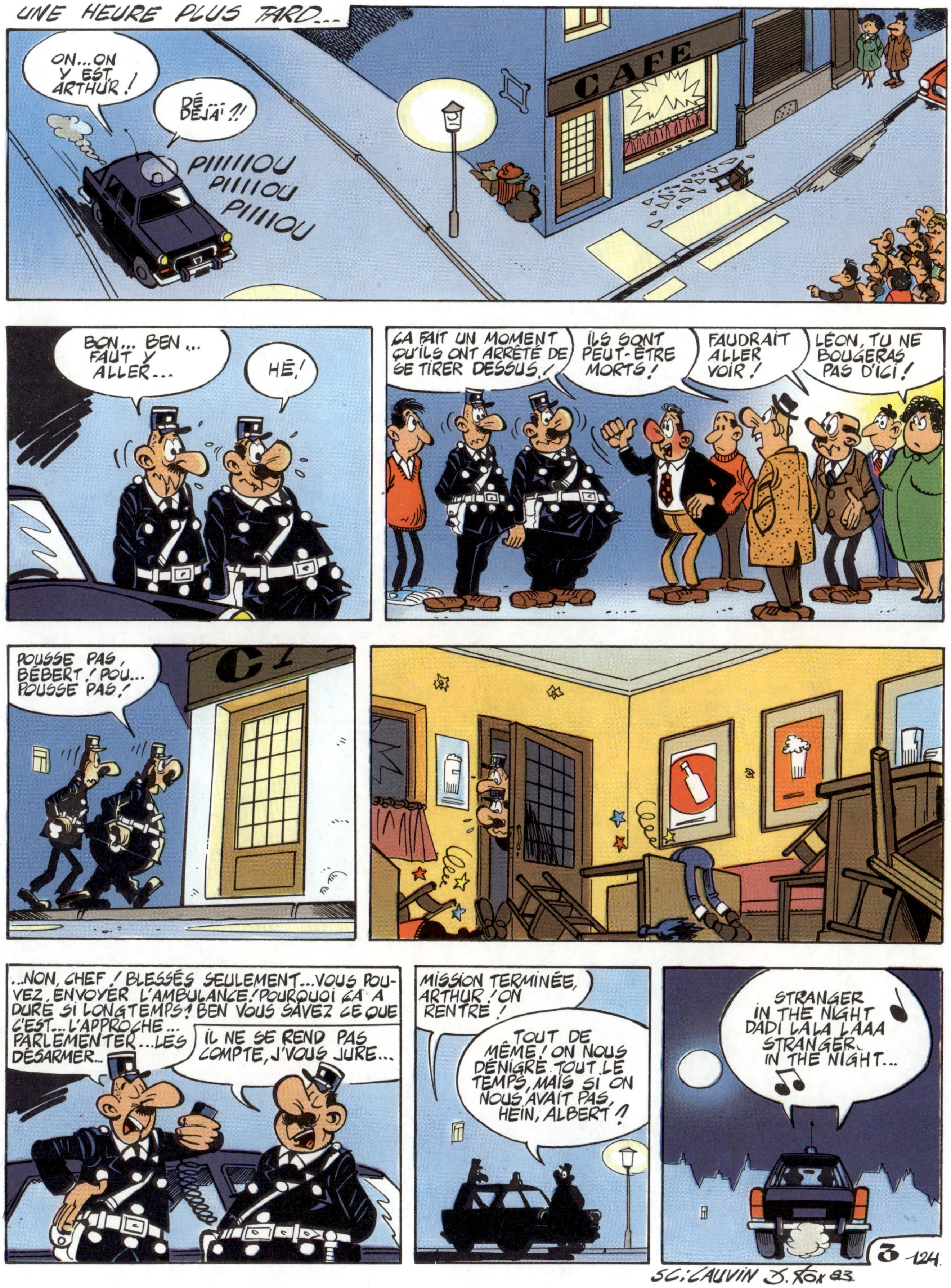
UNE HEURE PLUS TARD...
ON...ON Y EST ARTHUR !
DÉ...DÉJÀ ?!!
PIIIIIOU PIIIIOU PIIIIOU
CAFE
BON... BEN... FAUT Y ALLER...
HÉ !
ÇA FAIT UN MOMENT QU'ILS ONT ARRÊTÉ DE SE TIRER DESSUS !
ILS SONT PEUT-ÊTRE MORTS !
FAUDRAIT ALLER VOIR !
LÉON, TU NE BOUGERAS PAS D'ICI !
POUSSE PAS, BÉBERT ! POU... POUSSE PAS !
...NON, CHEF ! BLESSÉS SEULEMENT...VOUS POUVEZ ENVOYER L'AMBULANCE ! POURQUOI ÇA A DURÉ SI LONGTEMPS ! BEN VOUS SAVEZ CE QUE C'EST... L'APPROCHE... PARLEMENTER...LES DÉSARMER...
IL NE SE REND PAS COMPTE, J'VOUS JURE...
MISSION TERMINÉE, ARTHUR ! ON RENTRE !
TOUT DE MÊME ! ON NOUS DÉNIGRE TOUT LE TEMPS, MAIS SI ON NOUS AVAIT PAS, HEIN, ALBERT ?!
STRANGER IN THE NIGHT DADI LALA LAAA STRANGER IN THE NIGHT...
3 124
SC: CAUVIN D. FOX 83

PRINTED IN BELGIUM BY
proost
INTERNATIONAL BOOK PRODUCTION